JN438602

'73 어머니

◆김병화◆

서울대학교 미술대학 조소과 졸업, 홍익대학교 교육대학원 졸업, 1988년 무크지《문학의 시대》등단, 시집『내 피곤한 영혼을 어디다 누이랴』(청하),『밀짚 광배 예수』(빛남),『박정숙 어머니』(다시올), 이콘집(ICON)『십자가와 피뢰침(민들레)』, 산문집『봄 그리고 봄』(Kmc), 개인전 13회 및 단체전 120여 회 발표

kk9325982@hanmail.net

朴貞淑 박정숙 어머니

033
다시올시선

朴貞淑박정숙 어머니

김병화 시집

다시올

▣ 시인의 말 ▣

바람 날개를 단 듯한 시간
그 시간의 그물에 건져낸
물고기—
내가 잡는 것이 아니고
잡아 준 것들이었어
찾아도 찾을 수 없고
보려 해도 볼 수 없는
어느 분의 큰 손이.

2019년 10월

강화 목숙골에서
김병화

차례

1부 자연편

초록공장

2부 인간편

朴貞淑박정숙 어머니

차례

3부 그림 詩

달력

작품해설

자연편

제1부
초록공장

나무

여름날 저 메숲진 나무들
푸르름, 그 기세등등한…
결국 하늘 노여움 사
홀딱 벗겨 겨울로 쫓겨났던 거야
그런데 얼어 죽어야 할 나무들
한결같이 살아 있었던 거야
밤에는 달빛과 별빛의 속옷
낮에는 햇빛의 겉옷 빌려 입고
버티고 버텨냈던 거야
그 퍼런 멍 생채기
바로 나이테이었던 거야
온몸 꽁꽁 밧줄로 묶어놓듯 한—
어렵사리 봄 어귀 이른 나무
비로소 깨달았던 거야
하늘은 사랑임을.

초록 공장

신통방통 품속에서
오만 가지 색 만들고 있어요
색소 제조 공장인 양
태양 불세례 식히기 위해
땅에서 물관부 타고 올라온 물
색 풀듯 태양 빛 푸네요
그 색들로 연장(姸粧)한 꽃과 열매
날개 달린 꽃신이어요
녹색 씨 나르는—
황사 바람 자욱한 붉은 땅
푸르게 덮으려고.

기곡(祈穀)

"자, 이제 모내기 개시하오니
풍년 이루게 하소서"
논 삶기 위해 받아 놓은 물
하늘 결제받고 있다
태양 도장 꽝! 찍혀 진다

혹시 물 고여 있다 보면 썩지 않을까
바람 쉴 새 없이 잔 물살 일으키고
논둑 나무들 장차 연록 빛 돕겠노라고
초록 머리채 풍덩- 푼다
간간이 놀러 오는 구름
거울 같은 수면 얼룩지면 어쩌랴
물걸레질 쓱- 마감하고
이놈들 온갖 병충해 옮기는 저퀴 같은 놈들
이곳 얼씬도 말라고
개구리 마을 떠나도록 운다

이렇듯, 하늘에서도 OK
주위 친구들도 한마음씩 도우니
무슨 걱정인가 옳거니!
올해 농사도 풍년일세 풍년일세.

소낙비

아스팔트 위

파닥파닥 뛰어오르는

은빛 멸치 떼……

두 손으로 무더기무더기

쓸어 담고 싶네.

고드름

이도 저도 아닌 허공에 갇혀
되돌아갈 하늘길마저 막힌 채

경계의 벼랑 그 처마 잇몸에서
누군가를 향해
으르렁 흰 이빨 드러내고 있다.

푸른 하늘 가위로 오려내어

푸른 하늘 가위로 오려내어
내 몸 두를 옷 지었으면 해

저 붉은 산 푸른 나무 옷
산의 살 된 것처럼

내 누추한 몸 가리고
옷처럼 살 것 같아.

비 나무

어디라도 파종만 해놓으면
자기 스스로 알아서 자란다

뿌리처럼 땅 밑 스며들고
줄기처럼 하늘 위 모락모락 오른다

뭉게뭉게 아름답게 구름 꽃 피면
후득 후드득 떨어지는 비 열매

그늘 밑 삶 푸르게 한다.

지붕

1.

저 나무 위
뻥 뚫린 깔때기 형 새 둥지
지붕 없네
그 속 깃든 산새
비 오면 비 오는 대로
눈 오면 눈 오는 대로 맞네

2.

목숙 마을 손 씨네 사슴농장
빙 둘러진 울타리 지붕 없네
노후대비책으로 기른다는 사슴
조그마한 기척에도 놀라 뛰고
바깥쪽만 응시하며 삐— 하고 우네
비 오면 비 오는 대로
눈 오면 눈 오는 대로 맞네

3.
앞집 황 씨네 소
태산 떠나가도록 한 사흘 낮밤 우네
난지 이래 된 팔려 간 새끼 그리워
(쇠줄 연결된 고삐 매여 섰다 앉았다
나 죽었소 견뎠건만),
핏덩이 새끼 품속에서 떼어놓자
그새 참고 참았던 서러움 터졌네
아아, *'눈꺼풀' 지붕 없는 눈망울
비 오면 비 오는 대로
눈 오면 눈 오는 대로 맞네.

* 시인 릴케(1875-1926)는 삶을 '밖에 있는 것' 즉 '눈꺼풀 없는 눈'으로 묘사했다

큰 나무

저 하늘 높이 부신 해

땅바닥까지 내려와

자리 잡은 해 그림자

집채처럼 고래 등처럼 커지더니

그 속, 사람들 평상 놓고 쉬고 있네

햇살 밝을수록 그늘 색도 짙어진다고

빛 잘 받아먹고 끙–하니 배설한 그림자

몸 큰 나무였네.

오월의 숲

저 나무와 숲

하루가 다르게 하늘로 푸른 살 쌓아 올리는 것 보아라
새 깃털처럼 햇솜처럼 가볍지 않느냐

땅에 살을 쌓아
바위처럼 무거운 우리 몸과 사뭇 다르지 않더냐

오늘도 나는 나의 비만과 나무의 비만 견주어 보며
등산로 따라 산에 오른다
휘파람새 소리 들으며
돌배나무 흰 꽃 바라보며

아, 산 중에 충만한
'가벼움의 도' 에 휩싸이는 것만으로도
나는 날아갈 것만 같구나.

구름 · 1

저 맹물 흐르고 흐르더니
기어이 하늘까지 올라가
흰 구름으로 흐르고 있구니.

구름 · 2

샘물, 도랑물, 개울물, 강물, 바닷물……
개천 주변 코 찌르는 오폐수 이르기까지
물이란 물 하늘 다 올라가
땅은 메마르고
초목은 타들어 가고
사람 가축 온갖 생명 다 쓰러져 가는데
그 참상 눈 뜨고 볼 수 없어
환하게 웃던 흰 구름 얼굴 빛
매지구름으로 점점 어두워지더니
구열처럼 갈라진 땅 내려다보며
우리들만 편히 살 수 없어
저 생명 살려야 해
서로 앞 다투며 뛰어내리고 있다.

해

오늘도 말끔히 밤의 때 씻고 나와
문턱 넘어 주방까지 찾아 드네
설거지 끝내고 마지막 물기까지 비어내는 그릇
젖은 등 닦아주며 속삭이네

“이 한 번 부심으로 일 다 마쳤다는 것은
아니겠지
이대로 마냥 엎드려 있지는 않겠지
자 나를 봐
그 먼 동서의 길 매일 오가면서도
한 번도 늦거나 거르는 일 없는……”

*자강의 비조답게
세상 엎드려 있는 존재들에게 다가가
따뜻하게 다독이네.

*자강불식(自彊不息)

봉천산

그 산 유난히도 낙엽 두텁게 깔린
아늑하고 걷기도 푹신한 내리막길
영혼이라도 편히 안식하라 함인지
이곳저곳 사방에 조성된 묘

그곳 지나칠 때면 목례 올린다

거꾸로 엎어놓은 밥그릇
몽땅 땅속에 쏟아 묻은 저 망자들의 삶
어느덧 세월의 밥 돼
산자의 밥그릇에 떠 담겨 있기에

일분일초 한순간도 건너뜀 없이 살아야
했던
그 시간의 옥고 치르고
두려움과 고통스러운 죽음의 인증
다 하나씩 거머쥐고 있기에.

새의 새 이름

1.

소상(塑像)을 빚는 곳
문틈 사이로
참새 한 마리 비켜 날아든다

조각가는 황급히 문 닫고
아이는 모델 대에서 뛰어내려
그 뒤 쫓는다
놀란 새는 창으로 날아간다

빛살만이 빠져나가고
속력만큼 반동하는 유리
투명한 벽에
새 머리는 빨갛게 깨진다

두 손에 받쳐 든 새
눈 가물거리고
숨 끊어질 듯 몰아쉬며
다리 바르르 떤다

아이는 문 열고
바깥 응달진 전나무 밑에
놓아 준다

다시 문 열고 나가보니
꿈을 털 듯
후르르— 날아가고 있다

2.
길가에 버려진 죽은 참새 한 마리
혹시 일전에 아이가 놓아준 새인가
화단 한구석 잘 골라 묻어준다
나무 잔가지 엮어 십자가 세워주고
기도한다

—영원한 날개 얻어
무한 허공에서 춤출 새여
밝혀 자유 찾은, 새의 새 이름이여.

구름과 별

유난히도 별빛 선명한 밤하늘 올려다보다가
문득 구름과 별 생각했지요
맑고 푸른 하늘 바람 따라 이곳저곳 떠돌다가도
목말라 부르짖는 땅의 외침 나 몰라라 할 수 없어
있는 물 없는 물 다 끌어모아 송두리째 쏟아붓는
그 자유와 비움의 자리에
웬 별빛 그다지도 아름답고 영롱한지요
구름 열반한 자리에 사리(舍利) 별 흩뿌리기나 하듯
어둑어둑– 해거름 져
구름의 한낮 생애 어느덧 마치고 나면 말이죠.

착한 비
—백 년 만의 비에 대한 소회

태산 같은 물 그러안고
하늘 떠다니며 땀 흘리는
나도 쉬어야겠지요
좔좔좔좔—
두발 편히 뻗고 뉠 수 있는 곳
잘 찾아 내려가야겠지요
고민거리 있다면
한 곳 왕창 몰려가지 않고
학수고대하는 곳
그냥 지나치지 않고
두루두루 살펴 가며 내려가야 하겠지요
그러니 눈치 없이 내려갈 수도
그렇다고 마냥 하늘 떠다닐 수도 없으니
어쩌면 좋겠어요
다만 나의 피정 저들 땅의 살림에
도움과 기쁨 되면 좋겠어요.

민들레 홀씨

다 피어시든 꽃에서
콩나물처럼 목 쭉- 뽑아
홀씨 대 세우네
높이 오를수록 바람도 잘 타
미풍만 불어도 사방으로 퍼지네

아, 이곳에서 핀 꽃도
저곳 홀씨 날라 와 퍼진
땅끝의 개화
있는 자리에서
활짝 꽃피워야 하네.

송사리

그 몸에는 닻이 없다
제자리를 지키기 위해
흐르는 물속을 거슬러 올라가야 한다
혼신의 힘을 다해 앞으로 나가야 한다

그렇게 유영하지 않으면
(잠시라도 멈춰 서면—)
밀려오는 물살의 덫에 쓸려
부유 초처럼 정처 없이 떠내려 간다.

두껍아

두껍아 두껍아
헌 집 줄께 새집 다오
아니 아니
헌 잎 줄께 새잎 다오

초가을 산행하다가 비 만났네
나무 밑에서 비 피하다가 보았네
숭숭 구멍 뚫리고 가장자리 찢긴 잎들을
여름내 폭양과 비바람 견디다 상한 몸들을
멀리서 보면 무성하고 아름다운 풍경인데
가까이 보니 아픔이었네
그 헌 잎 주어야 비로소 새잎 얻네.

초봄

이월되지 않는 잠
한 번 흠뻑 자고 난 뒤
더는 졸리지 않는 초롱초롱한 눈빛으로

연록 빛 푸르름으로

무장무장 갓 난 숲
가슴 부풀어 오르기 시작하였습니다.

사직 골 느티나무

그곳은 어린아이들의 놀이터
늙으면 그곳에서 놀 수 없다

놀 수 있는 방법은
아이 낳아 그 손 잡는 것인데

이제 내 아이도
자라서 성인 되었으니
나는 누구랑 놀이터 갈 수 있나

수령 이백 년 넘는 사직 골 느티나무
파릇파릇 새잎 숭풍숭풍 낳아
서로 손잡고 하늘 오르고 있는데-.

저 길 건너 나무

공연한 말
열 올렸네

아, 홍진 세상–

이러네 저러네
옳네 그르네

저 길 건너
눈발 몰아쳐도
말없이 꿋꿋이 서 있는

눈꽃 나무.

비닐하우스

가을걷이 끝낸 허허로운 빈 들판
반짝반짝 물빛으로 자맥질하는
비닐 호수(湖水), 비닐 호수……

아, 그곳 퍼덕이는 등 푸른 고기들
어획 철 따로 없이 물 반 고기 반
풍어 꿈꾸게 하는.

인간편

제2부

朴貞淑박정숙 어머니

자전거

빈 운동장
자전거 타고 돈다

동네 아이 하나 들어와
함께 돈다

엉덩이 들썩이며 달리다가
반추하듯 천천히 돈다

바퀴 자국 어지럽게 찍히며
그림자 크게 작게 흘리며

한동안 돌다가 아이 슬그머니
밖으로 미끄러지듯 빠져나간다

다시 혼자 남아 빈 운동장
돌고 돈다.

미니멀 · 1

뚜벅뚜벅 뚜벅뚜벅–
뚜벅뚜벅 뚜벅뚜벅–

백년사 포장길
간편한 등산복 차림으로 걷는다

등 하산 길 한두 시간여
걷고 또 걷는다.

내 몸에서 도망 나간 어린아이

서울 가는 시외버스 속
뒷좌석에서 들려오는

두어 살 백이 어린아이
병아리 삐악 삐악이 말

소리라도 반가워
얼른 몸속에 잡아넣는다.

*朴貞淑 어머니

검버섯 얼룩 반점으로 피어오르고
주름 고랑 햇수만큼 골 잡혔어요
그 늙고 결삭은 늦가을 얼굴에
사과 볼 빨갛게 영글었어요 어머니.

*朴貞淑(1924~2019)
한국의 보통 어머니상으로 세상 업적, 명성과는 무관한 삶이지만 조용히 당신의 자리에서 그리스도적 삶을 실천하며 사셨던 할머니다. 주위에 귀감이 되고 있다.

회전하는 그림자

-슬픈 누부야

산마다 찔레꽃 송이송이 피고
휘이익 휘익– 휘파람새
덤불 나무 가지에서
노래인 듯 울음인 듯 울고 있는
어느 봄날 아침에

누부야는 아지랑이 나비 되어
폴폴— 하늘 높이 날아오르고 있었다
애면글면 기다리던 빛
이제야 담뿍 받아 가며

오오, 한 생애 그 질곡의 땅
눈물로 돌고 돌더니
묽어지더니.

개나리

— 조각가 양희태

자네 오공 군부 시절
가시 철망 노란 색칠해
전시장 개나리 꽃불 놓았지

그 절절한 노래 탓인지
봄 돌아와 사람들 이곳저곳
겨울 외투 벗고 쏟아져 나왔지만
자넨 보이지 않았어
이십 년, 아니 삼십 년 다 되도록
혹시 목 잠긴 속울음처럼
녹슨 개나리—
집 울타리 속 꼭꼭 숨어서
새 작품 만들고 있는 것은 아닌지
전시용 아닌 오직 아름다움으로
피기 위한

풍문엔 서울 살림 정리하고 시골 들어가
농사꾼 다 되었다고 하는데—.

*화전

그 무덥던 더위도 가셔
아침저녁으로 시원한 바람 분다
스케치북 들고 화전 쪽으로 간다

북으로 뻗는 철길 따라가다 보면
무성한 잡초 위
머리만 동강 난 녹슨 기차 본다
끊어진 선로……
개성으로 가는 길목엔

탄가루 얼룩져 눈만 반짝이는
역부 스케치한다
소박한 입가 수염 송송하다
"잘 그리네유 좋은 취미 갖어 스라우"

긴 화차, 수레, 탄 나르는 역부들…
온통 먹빛의 역촌이지만
하루 저무는 저녁나절 석양 눈부시다

일손 마치고 하나둘… 흩어져
저마다 갈 곳 가고 있는데

유독 끊어져 슬피 우는—.

*70년대이 어촌

통금

뚜우— 뚜우—
통금 사이렌 밤하늘 정적 깨뜨리고 있었다
나와 하숙집 아들 급한 길음으로 집을 향했다
집 코앞에 두고 언제 나타났는지
호루라기 불며 다가오는 방범대원들에게 검문받았다
그 위기 순간에도 하숙집 아들
"나 여기 문 닫으러 나왔는데요-"라고 둘러댔다
옆을 보니 중화요리 간판 길게 나붙어 있었다
머쓱한 방범대원들 더 말을 잇지 못하고
우리 곁을 떠났다

하숙집 아들 갓 제대한 북파공작 대원이었다
그의 말대로 빈방에서도 숨었다.

바닥에 괸 빗물

거꾸로 하늘
아직도 거리에
옹기종기 앉아 있다

늘 바닥 신세 그림자
눈물—
직접 내려와 보려고
담아가려고

그런데 사방 둘러보아도
보이지 않으니
청명(淸明)한 해 확대경
다시 빌려야겠다.

집

어느 한 집 기울어진 집 없네
대 도시 마천루부터
벽촌 초가에 이르기까지
사람 사는 곳이라면
모두 수평 터 이루고 바로 서 있네
다만 그 속에 사는 사람들 바르지 못해
세상 기울게 만드네.

키 작은 사내

몇 날 며칠 줄기차게
비 뿌리는 날 해 볼 수 없어
비 흠뻑 맞으며 질척한 공중변소에서
먹은 것 마시는 것
항문으로 빠져나갈 것 입으로 올려
눈 퀭하니 들어가고 홀쭉한 뺨
눈물인지 빗물인지 알 수 없이 젖어
전국 장마권 접어들어
한동안 우기 계속된다는데
날만 궂으면 구토하는 키 작은 사내.

이사야의 꿈

— 조각가 *김종구

얼음의 자유는 그 해빙수가
증발한 대기이다

무쇠의 평화는 그 갈아낸 쇳가루가
사방에 흩어진 대지이다

그는 다윗 소년처럼
그라인더 돌날 한 자루 차고
위용에 찬 사막 기갑부대
골리앗 전차 앞으로 나아갈 것이다

포신과 포탑, 무한궤도 쇠바퀴… 전 차체를
그라인더로 갈아 모래바람에 날리며

(무쇠의 억센 근육들 한없이 잘려 나가는 광경을 보며)

다시는 전쟁 없는
칼과 창 보습으로 만들어지고

사자와 송아지 함께 풀 먹는 세상
꿈꿀 것이다.

*그는 통쇠를 갈아서 나온 쇳가루를 이용해서 작업하고 있다. 그는 앞으로 중동 국가의 탱크를 식섭 현장에 가서 그라인더루 갈아낼 퍼포넌스를 계획하고 있다고 한다.

소록도 · 2

그 섬 떠나온 후에도
줄곧 눈 밟히며 가슴 아려 오는 것은
그들의 속절없이 떨어져 나간
손가락도 발가락도 눈도 아니었습니다
한센병 대명사처럼 된
다 문드러진 눈썹 자리에 심어진
잘라도 어느새 자라나는
검고도 억센 머리털 눈썹이었습니다
뭍에 닿아 있어도 결코 건너갈 수 없는
긴 '눈썹 다리' 이었습니다.

아기

영혼의 나라에서 갓 나온 아기
아직 세상의 때 묻지 않아
몸속의 영혼 투명하게 비쳐져요

해맑고 순결한 그 아름다운 빛
먼저 할아버지가 알아봐요
이제 머지않아 돌아갈 고향
가물가물한 그곳의 기억인 듯
그리움인 듯

그저 아기만 만나면
할아버지 싱글벙글 얼굴 펴지며
인사하기 바빠요
아기야 안녕……
아이고, 예쁘구나 예뻐.

어머니

어디여?
어디 어디예요
어이 와 이이 와—

어머니는 귀가가 좀 늦었다 싶으면
흘러내린 치맛단 바짝 끌어당기듯
아들을 부르고 계셨습니다
오오! 당신 몸 밖의 생명 어찌 되랴
꾹꾹! 전화번호 자판기 열심히 누르시며

(어이 와 어이 와—)
쫓기듯 돌아온 아들
문안인사 받으신 후에야
비로소 하루 마감하시듯
잠자리에 드셨습니다.

대목장이 조 씨

산과 같은 돌은 들 수 있어도
출렁이는 바다는 들 수 없네요
한 때 세상 들었다 내려놨다
임꺽정 후예 같은 대목장이 조 씨
이제 춘향이는 언감생심이요
향단이 같은 감량된 바다
잔잔한 미풍의 바다 어디 없을까요
한 번 폼 나게 안아 볼 수 없을까요
불콰하니 낮술 한잔 걸치고
평소 형님처럼 따르는 홍 반장 홍 씨
옆구리 쿡쿡— 찌르고 있다.

소와 아이들

소 울부짖어
마을 떠나가도록
몇 날 며칠 낮밤 가리지 않고
어떤 날은 발정 욕구 참기 어려워
어떤 날은 품에서 팔려나간 새끼 그리워

아이들 부르짖어
온 나라 떠나가도록
몇 날 며칠 평휴일 가리지 않고
어떤 날은 미선 효선이 살려내라고
어떤 날은 미친 소고기 협상 다시 하라고

－그 순한 소, 양순한 아이들
닭장 우리처럼 갇혀있다 바위처럼 눌려있다
마침내 폭발한 거야 머리꼭지 열린 거야

아아, 우리 아름다운 세상
새처럼 시내처럼 노래하며 살 수 없을까

하늘과 땅, *강물까지도 미친 듯이
부르짖어 울부짖어.

* 이 무렵 많은 폭우가 내려 강물이 넘치고 있었다.

떠돌이 할배

오늘 이 밤 저기 역 대합실
나무 의자에 칼잠처럼 누워
한 곳 응시하는

운명의 바람에 휴지처럼 흩날리다
끝내 쓸어 박힐 저 구석 백이

끔벅끔벅 반쯤 감긴 눈으로.

좁은 문

이른 새벽 어둑한 산 비알 길
더듬더듬 손전등 비추며
환하게 불 켜진 그곳 간다
어렵사니 불씨 하나 품어보지만
곧 죽고 만다
질벅질벅한 가슴 탓
속부터 먼저 말려야 하리

저 소리 불꽃 일으키는 매미처럼
가을 하늘 꽃비행하는 고추잠자리처럼

물기 다 빠진 마른 가슴 속
그 홀로의 삶 견딘 무루(無漏)—
아, 이르러야 하리.

아, 일흔 나이

소리소문 없이
어느결에
머리에 씌워진

흰 나이 모자

관처럼 쓰네
(써야 하네)

화관과 수관(樹冠)
또는 왕관처럼—

저 장삼이사 북적이는
저잣거리에서도

홀로 신독(愼獨)의 방에서도.

얼굴

아! 내 얼굴

살이 빠지는 것인가

벗겨지는 것인가

이참에 벗겨지면 좋겠다

양파 한 겹 두 겹 벗겨지다가

점점 작아지다가

아예 없어지는.

기억 손님 · 1

갓 지은 새집
굳이 붙잡지 않아도
오래 묵어갈 작정이지만

오래된 헌 집
묵어 주십사 사정해도
오자마자 갈 채비부터 한다.

기억 손님 · 2

불러도 기척조차 없더니
잊을만하면 불쑥불쑥 나타나는구나
그래도 반갑다
온 김에 죽 눌러앉아 주었으면 하는구나
그러나 마냥 너를 잡을 수 없는 것은
누구보다 내집 사정 잘 알기 때문이구나
다시 나간다고 해도 말릴 뾰족 수가 없구나
단지 오갈때 기별만큼은 해주었으면 하는데
이 또한 헛된 바람이라는 것도…,

지인 K부인에게
—개인전 중에

뭘 또 싸가지고 온다고 하세요
그낭 얼굴만 웃음꽃으로 담뿍 싸서
오시기만 하면 돼요.

판화

나는 매일 아침
나 홀로 공방에서
판화 작업에 몰두한다
끙끙! 안간힘 쓴다
*모노타이프
하루에 한 장씩 꾹꾹 찍는
짙은 갈색톤에서
점차 핏빛 모노톤으로
그런데 아니야
아무리 빛깔 아름다워도
핏빛은 아니야
찍어도 자국 거의 없는
비백 모노크롬
노란 황금색 살짝 머금은.

*모노타이프: 한 장만 찍을 수 있는 판화 종류

그림 詩

제3부
달력

달 숨쉬기

ㄱ자형 초생달 들숨하면
임산부 배처럼 차오른다
그 보름달 배 서서히 날숨하면
ㄴ자형 그믐달
배 등까지 붙도록 꺼지는

달 맨몸 체조
ㄱㄴ법 깊은 숨쉬기

차면 비우고 비우면 채워진다.

섬
-제자

파도 넘실대는 바다, 수제비 뜨듯
제 살 한 점 한 점 떼어 던져진
물 위 점점이
떠 있는
산

꽃 의자

꽃
보러
오며가며 잠시
앉았다 가네
아픈다리 쉬어
가며 따뜻하게
데워진 체온 전
해
주
며

꽃
보러
오며가며 잠시
앉았다 가네
아픈다리 쉬어
가며 따뜻하게
데워진 체온 전
해
주
며

*언중유언(言中有言, 有骨)

*H氏의 呪文

*고로바요**마**카나코루기나야라야마니고니카카
로네**그나**마노니가로구다노사야마고고로니비
니바니노나노가니바고로비츠시기라메니**카르**
로사니가나사바로나크루가야니**타**티치치코바

— (音響으로만 즐겨 주길 바란다)

*조향(초현실주의 문인 1917~1984년)의 시
*마그마 카르타(Magna Carta: 영국의 대헌장, 1215년)

달력 · 1

너무나도 빠른 세월, 혹시 날짜를 하향식으로 배열한 달력 탓 아닐까요? 벼랑에서 혹은 폭포에서 급강하하듯 지나가는 시간들…,그래서 이제는 거꾸로 날짜를 배열한 달력을 만들어 쓰면 등산하듯 또는 빙벽을 오르듯 시간이 천천히 지나가지 않을까 싶네요.

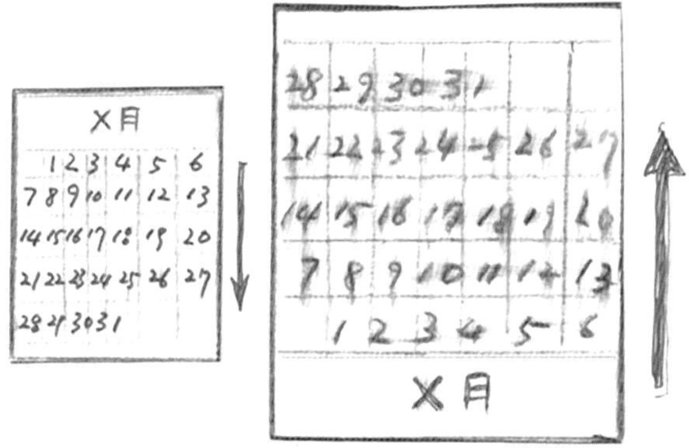

달력 · 2

인생은 흘러가는 것이 아니고
채워지는 것이다.

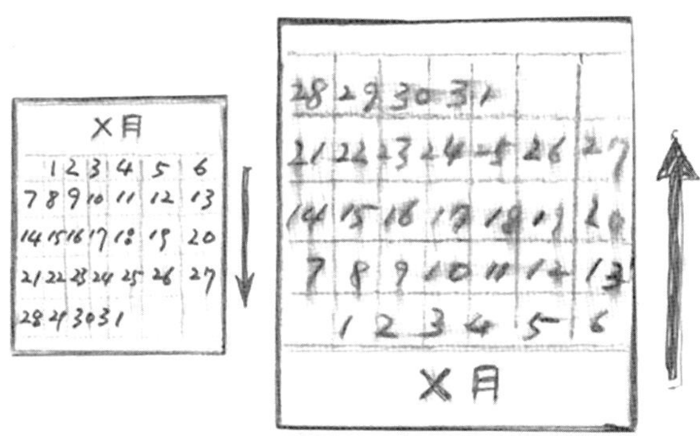

* 존 러스킨(John Ruskin, 英, 사회 비평 사상가 1819-1900)

시험지

*승빈아 전번 시험 답안지에서는 비 내릴 것은 지레 걱정해서 우산을 그렸지만, 이제부터는 나무를 그려 보아라. 그러면 그 나무에시 둥근 열매가 주렁주렁 열릴 줄 누가 알겠니?

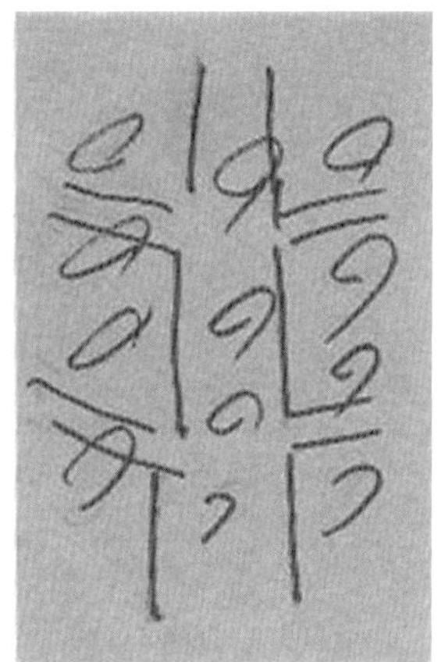

* 승빈 : 성적이 부진한 자연시험 답안지에다 미리 틀릴 것을 걱정한 나머지 우산을 그렸던 모 초등학교 학생(2009년 5월호 '좋은 생각' 권현주 님의 '기발한 우산사용법' 글 중에서)

대길이와 예별이

무슨 이야기 저렇게 흐뭇하게 하는지 궁금하네요 혹시, 저 어린 것들 벌써부터 부부 인연 맺자고 사랑 고백하는 것 아닐까요? 앞으로 커서도 헤어지는 일 없이 너는 엄마 나는 아빠하며 살자고 — 저 바닷가 서로 의지하듯 머리 맞댄 한 쌍의 소나무처럼 햇빛도 바람도 함께 맞아가며 말예요.

* 국제 선교단체 '사랑빛'에서 지원하는 보육원에서 생활하고 있는 어린이들

새

백년사 올라가는 길 웬 새인가 싶어 조심스럽게 다가가 보니 아! 바람 새였네 이제 나무 가지에서 떨어져 나와 자유롭게 날아나닐 수 있도록 비람 날개를 단 –.

상(床)

— 밥이야 말로 받쳐 주어야 한다고 했지
찻상을 밥상으로도 쓴다는 나에게 너는.

채송화

–보도블록 틈 속에 빠진 씨앗
죽지 않고 기어올라 와 꽃 피었네.

부모

-내 삶의 실이 다 풀려
그것으로 너의 훌륭한 삶이 짜진다면
그보다 더 기쁜 일이 있을까?

나무 · 1

–앞뒤 좌우할 것 없이 다 정면인 나무 한결같지만
인간은 감정과 이해 여부에 따라 쉽게 마음 변하네.

나무 · 2

-여반장

定
-최종태

*헨리 무어를 헨리 누워
*마리노 마리니를 말(馬)이노 말이지
*자코메티를 자꾸 말라로
작품과 연상하여 별칭 한다면
과연 *최종태는 무엇이라 부를까
최정태(定態)는 어떨까
이제 갑년 맞이하면서
서 있는 종태에서 앉아있는 정태로
-그의 충청도 고향 집
지붕물매의 토종 호박처럼
익어가고 있다 그는
조용히 바로 앉아서.

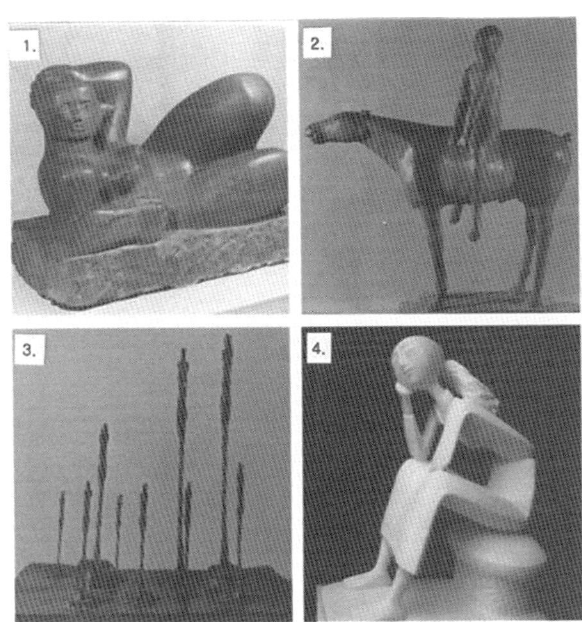

*1. 헨리무어(조각가 1896~1988 영국) 와상
*2. 마리노 마리니(조각가 1901~1980 이태리) 기수
*3. 자코메티(조각가 1901~1966 스위스) 9인의 구성
*4 최종태(조각가 1932·한국) 앉아 있는 사람

피에타

1

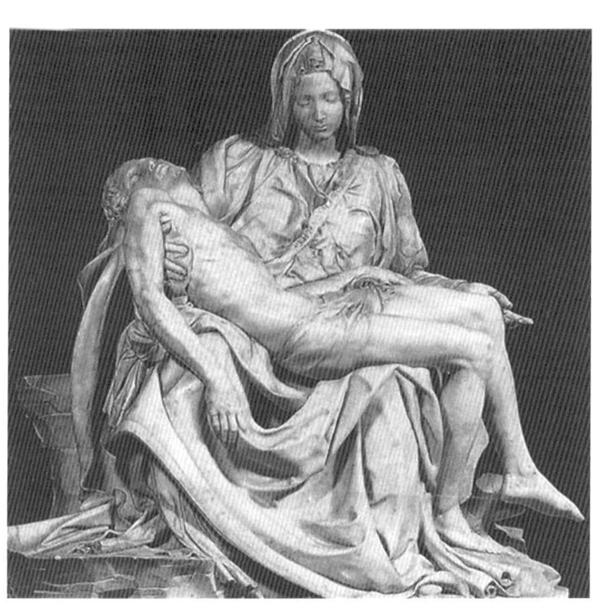

* 큰 슬픔, 연민 등, 미켈란젤로 (1498-98 작)

2

-*쓰나미

* 81×15×92cm. FRP. 2010 김병화

3

어느덧 연둣빛 숲으로 싱그럽게 자란 나무 곁,
아직도 앙상한 가지 드리운 채, 웅승그린 채
겨울나무 서 있다

부익부 빈익빈, 풍요 속의 빈곤…….
세계는 지금도 7초마다 아이 1명이 기아로
죽는다고 한다 그런 극빈 계층은 기아뿐만
아니라 질병 그리고 각종 재해에도 무방비로
노출돼 저번 서남아시아 쓰나미에서 보듯이
그 피해가 상상을 초월했다.
인류가 넘어야 할 최대의 장벽,
극빈 그 굶주림
질병 등…….

여름의 문턱 初夏
나무와 숲이
우거질수록

집 앞 죽은 나무가
아프다.

성탄(城炭-*聖炭-聖誕)

-성탄(聖誕)소고

*聖炭

연탄재 함부로 버리지 마라

너희는 누구한테 한번이라도 뜨거운 사람이었느냐.

- 너희에게 묻는다 안도현

눈꽃 모자

-하늘은 그들의 '뜨거운 이웃 사랑' 을 보시고
어여쁜 도토리 형 모자 머리에 씌우셨네.

어느 한 날의 메모 셋
-망자에 대한 사랑

1.

그는 그를 생각할 때마다
종이에다 별을 그렸다고 했다

은하수가 되었다고 했다.

2.

그는 그녀를 생각하면서
평소 그녀가 좋아했던 참나무를
집 주변에다
20년 동안 6천 그루를 심었다고 했다

가운데 하트 문양이 선명한
숲이 되었다고 했다.

3.

'그래도 손님들이 쌉짜라세 와요'

그녀 시어머니 빈소에 아침 일찍 조문한
나에게 순간 웃음 짓게 한 말
전날 조문객이 많이 다녀가
부의금이 많이 걷혔다는 뜻일까
그러나 그것보다는
시어머니 마지막 길이 그리 쓸쓸치 않다는
망자에 대한 그녀만의 독특한 애정 표현법이
아닐까
에둘린-.

*1: 서울 광화문 지하철 내 스크린 도어 시 중에서
*2: 3000번 강화 시외버스 모니터 어느 장면 중에서

작품해설

소박한,
그러나 우람한
사랑의 시

소박한, 그러나 우람한 사랑의 시

류 양 선 (문학평론가 · 가톨릭대학 명예교수)

먼저 김병화 시인의 세 번째 시집 『박정숙(朴貞淑) 어머니』의 출간을 진심으로 축하한다. 필자는 김병화 시인의 첫 시집 『내 피곤한 영혼을 어디다 누이랴』와 두 번째 시집 『밀짚광배 예수』의 해설을 쓴 데 이어, 이번에는 세 번째 시집 『박정숙(朴貞淑) 어머니』에 대한 해설을 쓰게 되었다. 이 아름다운 인연에 깊이 감사한다.

시집 『박정숙(朴貞淑) 어머니』의 원고를 읽고 나니,

이 시집에 실린 시편들은 아주 소박한 사랑을 표현하고 있는 작품들이면서 동시에 참으로 우람한 사랑을 담아내고 있는 그런 시편들이라는 생각이 들었다. 그래서 필자는 이 글의 제목을 '소박한, 그러나 우람한 사랑의 시'라고 하였다. 알고 보면, 가장 소박한 것이야말로 가장 우람한 것이 아니겠는가?

먼저 '소박한 사랑의 시'라는 점에 대해 이야기해 보자. 김병화 시의 소박함은 무엇보다 그 시적 기교가 아주 단순하다는 데서 드러난다. 아니, 어찌 보면 시인은 시적 기교라는 것을 전혀 부리지 않는다. 그러면서도 뛰어난 시를 쓴다. '무기교(無技巧)의 기교(技巧)'라고나 할까? 「달 숨쉬기」를 읽어 보자.

ㄱ자형 초생달 들숨 하면
임산부 배처럼 차오른다
그 보름달 배 서서히 날숨 하면
ㄴ자형 그믐달
배 등까지 붙도록 꺼지는

달 맨몸 체조
ㄱㄴ법 깊은 숨쉬기

차면 비우고 비우면 채워진다.

이 시, 「달 숨쉬기」는 그 자체가 무기교의 기교로 쓰인 작품이다. 그와 동시에, '무기교의 기교'라는 것이 대체 무엇을 뜻하는 것인지를, 나아가 왜 '무기교의 기교'가 가장 빼어난 기교인지를 잘 말해주는 작품이다.

시를 쓴다는 것은 무엇인가? 그것은 그저 달처럼 숨을 쉰다는 것이다. ㄱ자형 초생달이 둥근 보름달이 되었다가 ㄴ자형 그믐달로 옮겨가는 과정, 이런 과정을 쉼 없이 되풀이하는 것, 그것이 달의 숨쉬기 즉 달의 '맨몸 체조'이다. "차면 비우고 비우면 채워"지는 자연의 순리이다.

이 '맨몸 체조'야말로 모든 생명이 살아가는 가장 소박한 움직임이다. 물론 사람도 예외가 아니다. 그 소박한 숨쉬기가 바로 시작법이요, 그렇게 숨을 쉰 흔적이 바로 시인 것이다. 시인을 이를 "ㄱㄴ법 깊은 숨쉬기"라고 하였다.

'ㄱㄴ법'이라니! 이 말처럼 소박한 말이 달리 있을까? 우리가 한글을 배울 때 ㄱㄴ부터 배우지 않나? 가장 초보적인 배움, 그것이야말로 가장 중요한 것이다. 사유종시(事有終始)라고 하지 않았던가? 처음(始) 속에 끝(終)이 들어 있는 까닭이다. 그 소박한 작은 첫 배움(始)

속에 실은 크나큰 마지막 배움(終)이, 즉 진리의 터득이 내밀히 숨겨져 있기 때문이다.

시인의 시작법은 이렇듯이 소박하다. 하지만 그 무기교의 기교야말로 최상의 기교라는 것을 시인은 온몸으로 알고 있다. 「소낙비」를 읽어 보자.

> 아스팔트 위
>
> 파닥파닥 뛰어오르는
>
> 은빛 멸치 떼……
>
> 두 손으로 무더기무더기
>
> 쓸어 담고 싶네.

뜨거운 한여름, 갑자기 구름이 끼고 날이 흐려지더니 도심 한복판에 소낙비가 쏟아진다. 빗줄기가 어찌나 세차던지 아스팔트 위에 떨어지는 빗방울들이 다시 공중으로 튀어 오르는데, 그 모양이 마치 '은빛 멸치 떼'가 "파닥파닥 뛰어오르는" 것과도 같다.

'은빛 멸치 떼'의 비유는 참으로 소박하다. 하지만 정녕 놀라운 비유가 아닌가? 시인은 여기서 은빛 찬란한 생명의 약동을 본 것이 아니겠는가? 그래서 시인은 그 '은빛 멸치떼'를 "두 손으로 무더기무더기 / 쓸어 담고 싶"다고 말한다.

필자는 인사동 어느 찻집에서 시인을 만나, 아스팔트 거리를 내다보며 사람 구경을 한 일이 있다. 온갖 모습의 사람들이 분주히 왔다 갔다 하는 것을 바라볼 때, 필자에게 문득 이 시가 떠올랐다. 아, 그때 그 무수한 사람들의 모습이 "파닥파닥 뛰어오르는" '은빛 멸치 떼'가 아니었던가?

그렇다! 시인이 '은빛 멸치 떼'를 "두 손으로 무더기무더기 / 쓸어 담고 싶"다는 것은 약동하는 생명에 대한 사랑의 표현이다. 살아 숨 쉬는 모든 생명을 껴안아 보고 싶다는 그런 마음의 표현이다. 모든 생명이 모든 생명과 서로 부여잡고 소통하는 그런 세상에 대한 그리움의 표현인 것이다. 이제, 「아, 일흔 나이」를 읽어 보자.

소리소문없이
어느결에
머리에 씌워진

흰 나이 모자

관처럼 쓰네

(써야 하네)

화관과 수관(樹冠)
또는 왕관처럼—

저 장삼이사 북적이는
저잣거리에서도

홀로 신독(愼獨)의 방에서도.

시인의 소박한 삶은 "소리소문없이 / 어느결에", 인생칠십고래희(人生七十古來稀)라고 하는 일흔 나이에 이르렀다. 그리하여 이제, '흰 나이 모자'를 "화관과 수관(樹冠) / 또는 왕관(王冠)처럼" 써야 한다. 머리가 희어지는 것을 이렇게 표현한 것은 종심소욕(從心所慾)이나 불유구(不踰矩)라는, 그런 경지에 이르러야 한다는 표현이겠다.

하고 싶은 대로 하더라도 법도에 어긋나지 않는 경지는 "저 장삼이사 북적이는 / 저잣거리에서도 // 홀로 신독(愼獨)의 방에서도", 언제 어디서든 지켜지고 펼쳐져야 한다. 하지만 어디까지나 '신독(愼獨)'이 본(本)이요 '저잣거리'가 말(末)이다. '신독(愼獨)'에 힘써 자신을 닦고 또 닦아야, '저잣거리'에서도 흔들림 없는 사랑을 실천할 수 있다. 억지로 그렇게 하는 것이 아니라, 저절로 그렇게 되어야 한다.

여기서 시인의 겸허함을 읽을 수 있지 않겠는가? 일흔 나이에도 위기지학(爲己之學)의 고삐를 놓지 않는 시인의 모습이다. 이 시를 읽으며 필자의 마음에는 홀로 성찰하고 기도하는 시인의 소박한 모습이 그려진다. 그와 동시에 시인의 소박한 사랑이 마침내 우람한 사랑으로 변주되는 우아한 사랑의 노래가 들려온다.

시인은 마침내 '눈꽃 나무'(「저 길 건너 나무」) 나무가 되지 않았는가? "저 길 건너 / 눈발 몰아쳐도 / 말없이 꿋꿋이 서 있는 // 눈꽃 나무" 말이다. 시련이 와도 아무런 불평도 없이 그 시련을 뒤집어쓰고 꿋꿋이 서서, 마침내 그 시련을 '꽃'으로 만드는 '눈꽃 나무' 말이다. 이제, 「구름과 별」을 읽어 보자.

유난히도 별빛 선명한 밤하늘 올려다보다가
문득 구름과 별 생각했지요
맑고 푸른 하늘 바람 따라 이곳저곳 떠돌다가도
목말라 부르짖는 땅의 외침 나 몰라라 할 수 없어
있는 물 없는 물 다 끌어모아 송두리째 쏟아붓는
그 자유와 비움의 자리에
웬 별빛 그다지도 아름답고 영롱한지요
구름 열반한 자리에 사리(舍利) 별 흩뿌리기나 하듯
어둑어둑— 해거름 져
구름의 한낮 생애 어느덧 마치고 나면 말이죠.

시인은 "유난히도 별빛 선명한 밤하늘 올려다"본다. 그러다가 문득, 이 시의 제목처럼 '구름과 별'을 생각한다. '구름'은 "맑고 푸른 하늘 바람 따라 이곳저곳 떠돌다가도 / 목말라 부르짖는 땅의 외침 나 몰라라 할 수 없어", 그 메마른 땅 위에 자신을 송두리째 쏟아붓는 것으로 '한낮 생애'를 마감한다.

그런데 날이 저물고 밤이 되자, 그렇게 구름이 사라진 맑은 하늘에 "아름답고 영롱한" 별빛이 가득하다. 아, 이보다 놀라운 일이 또 있을까? 시인은 이 아름다운 광경을 "구름 열반한 자리에 사리(舍利) 별 흩뿌리기나 하듯"이라고 표현하였다. 그러고 보면 이 시는 몸과 마음을 다하여 세상을 사랑하다가 열반에 들어 사리를 남기는 어떤 스님의 생애를 구름과 별, 그리고 하늘에 비유한 것으로 읽히기도한다.

하지만 스님뿐이겠는가? 사람이면 누구나 그럴 가능성을 지니고 있다. 인내천(人乃天), 사람이 곧 하늘이라고 하지 않았는가? 이 말은 사람의 마음이 바로 진리 그 자체라는 말이리라. 사람의 마음속에는 하늘과 같은 보편성이 깃들어 있다는 말이리라. 일흔 나이에 섭어는 시인의 마음이 곧, '한낮 생애'의 구름을 목마른 대지 위에 쏟아붓고 밤이 되자 사리와도 같은 별빛으로 가득한, 그런 하늘로 올라가 확산된 것이리라.

구름의 '한낮 생애'와 밤이 되어 하늘에서 빛나는 별을 다시 한번 생각해 보자. 이 놀랍고도 아름다운 광경은 곧 시인의 마음이 아니겠는가? 아, 구름이 걷히고 별이 빛나는 밤하늘이여! 자신의 모든 것을 이웃 사랑에 쏟아붓고 티 없이 청정해진 시인의 마음이여!

우람하지 않은가? 시인의 소박한 사랑은 마침내 이처럼 우람한 사랑에 도달하였다. 시인은 누구보다도 독실한 그리스도교 신자이지만, 시인의 우람한 사랑은 이처럼 그 넓은 포용력으로 다른 종교의 상징을 활용하기도 한다. 필자의 연구실 한구석에는 '보살 예수'라는 시인의 조각품이 자리 잡고 있다. 이처럼 넓은 시인의 마음은 어디서 비롯된 것일까?

이 우람한 사랑은 어디까지나 'ㄱㄴ법 깊은 숨쉬기', 즉 '달 맨몸 체조'로 상징되는 소박한 사랑에서 비롯된 것이다. 사유종시(事有終始)라 하였으니, 끝(終) 속에 처음(始)이 들어 있는 까닭이다. 여기까지 오니, 필자가 이 글의 제목을 '소박한, 그러나 우람한 사랑의 시'라고 붙인 까닭이 밝혀진 셈이다. 시인은 이처럼 소박한 사랑의 시와 우람한 사랑의 시를, 그리고 소박하면서도 우람한 사랑의 시를 써냈다. 그리고 그 시집의 제목을 「박정숙(朴貞淑) 어머니」라 하였다.

이제, 필자는 이 시집의 제목인 '박정숙(朴貞淑) 어머니'에 대해 이야기하고자 한다. 박정숙(朴貞淑) 어머니는 다름 아닌 시인의 어머님이시다. 필자는 시인과 함께 이 시집을 읽으면서, 시집 제목을 좀 바꾸었으면 좋겠다고 하였다. 왜냐하면 시집 제목이 '박정숙(朴貞淑) 어머니'라면, 시집에 수록된 시편들도 당연히 어머님에 대한 이야기로 채워져야 할 텐데 그렇지 않았기 때문이다.

그러나 시인은 필자의 의견을 받아들이지 않았다. 그것은 시인의 효심(孝心) 때문이었다. 시인과 이야기를 나누면서 필자는 시인의 그 소박한 효심에, 소박하기에 깊디 깊은 효심에 감동하였다. 그 소박한 효심이야말로, 그래서 시집 제목을 '박정숙(朴貞淑) 어머니'라고 붙인 시인의 마음이야말로, 실로 시인의 'ㄱㄴ법 깊은 숨쉬기'에서 우러나오는 원초적 사랑이 아니겠는가?

이 시집에는 그림과 시가 함께 들어 있는 시인의 그림 시도 다수 실려 있다. 하지만, 필자가 그림 시를 평가할 주제가 못 되기에 지금까지 언급하지 않았다. 하지만 이 시집의 제목과 관련하여, 「부모」라는 그림 시에 대해 잠깐 이야기해 보고자 한다. 이 그림 시 속의 시는 다음과 같다.

— 내 삶의 실이 다 풀려
그것으로 너의 훌륭한 삶이 짜진다면
그보다 더 기쁜 일이 있을까.

이 시 아래에 그림 4점이 그려져 있다. 여기에는 부모의 몸에서 실이 풀려 나오면서 그 실이 자식의 몸을 이루는 모습이 4단계로 그려져 있다. 첫째 그림은 부모의 발끝에서부터 실이 풀려 나와 자식의 머리를 이루는 모습이, 둘째 그림은 부모의 가슴에서부터 실이 풀려 나와 자식의 가슴을 이루는 모습이, 셋째 그림은 부모의 턱밑에서부터 실이 풀려나와 자식의 몸을 이루는 모습이 그려져 있다. 그리고 넷째 그림에서 자식의 몸이 완성되는 동시에 부모의 몸은 사라지고 만다. 참으로 감동적인 그림이다. 이제 시를 읽어 보자.

위에서 보듯, 이 시는 실이 풀려 나오는 그림처럼 한 줄('—')을 긋고 시작한다. 그러면서, "내 삶의 실이 다 풀려 / 그것으로 너의 훌륭한 삶이 짜진다면 / 그보다 더 기쁜 일이 있을까." 하고 말한다. 이 말은 물

론 부모가 자식에게 하는 말이지만, 시인의 시를 읽는 필자에게는 필자를 포함한 이 시집의 독자들에게 하는 말로 들리기도 한다. 어머니 → 시인 → 독자들로 이어지는, 소박하면서도 우람한 사랑의 표현이다.

사랑이란 무엇이겠는가? 한 사람의 성숙한 인격, 그 자체가 지극한 사랑이 아니겠는가? 그리고 그 사랑의 가장 근원적인 것은 자식에 대한 부모의 사랑일 것이다. 논어 위정편(爲政篇)에는 "맹무백(孟武伯)이 문효(問孝)한대 자왈(子曰) 부모(父母)는 유기질지우(唯其疾之憂)시니라. - 맹부백이 효에 대하여 묻자 공자께서 말씀하셨다. 부모는 오직 자식이 병들까 근심하신다." 하는 대목이 있다.

자식이 효도를 다 하려면 마땅히 부모가 자식을 사랑하는 마음을 알아야 한다. 그림에서 보듯 부모는 자신을 죽여서라도 자식을 건강하게 기르려 한다. 가히 절대적 사랑이라 부를 수 있겠다. 그 마음을 본받아 지킨다면 바로 그것이 효도이다. 그리고 그 효심에서 이웃에 대한 사랑, 세상에 대한 사랑, 온 우주에 대한 사랑이 싹터 나온다.

시인은 그런 효심으로 시 「박정숙(朴貞淑) 어머니」를 썼다. 그리고 시집의 제목을 '박정숙(朴貞淑) 어머니'라고 하였다. 그러니 이 시집의 제목은 단지 시인의 어머님 한 분을 가리키는 것으로만 읽을 수는 없다. 이 시집에 수록된 모든 시가 어머니의 마음에서 우러나온 것이기 때문이다. 그러고 보면, '박정숙(朴貞淑) 어머니'는 참으로 이 시집에 어울리는 제목이었던 것이다. 이제, 시 「박정숙(朴貞淑) 어머니」를 읽어 보자.

> 검버섯 얼룩 반점으로 피어오르고
> 주름 고랑 햇수만큼 골 잡혔어요
> 그 늙고 결 삭은 늦가을 얼굴에
> 사과 볼 빨갛게 영글었어요 어머니.

아, 이처럼 아름다운 시가 또 있을까? 이처럼 어여쁜 '얼룩 반점'이 또 있을까? 이처럼 그윽한 '주름 고랑'이 또 있을까? 시인은 어머니의 얼굴을 "늙고 결 삭은 늦가을 얼굴"이라고 말한다. 그 '늦가을 얼굴'에 "사과 볼 빨갛게 영글었"다고 말한다. 이처럼 아름다운 얼굴이 또 있을까? 자식을 향한, 그리고 이웃을 향한 사랑의 실천으로 늙어 가신 어머니의 얼굴을 이처럼 꾸밈없이 'ㄱㄴ법'으로 그려낼 수 있을까?

시인은 자신의 어머니이신 「박정숙(朴貞淑) 어머니」에 대해, "한국의 보통 어머니상으로 세상 업적, 명성

과는 무관한 삶이지만 조용히 당신의 자리에서 그리스도적 삶을 실천하며 사시는 할머니"라고 말한다. 여기에 무슨 말이 더 필요하랴! 그저 이 시를, "검버섯 얼룩 반점으로 피어오르고 / 주름 고랑 햇수만큼 골 잡혔어요 / 그 늙고 결 삭은 늦가을 얼굴에 / 사과 볼 빨갛게 영글었어요 어머니." 하고, 다시 한번 읽어볼 따름이다.

그렇다! 이 시 「박정숙(朴貞淑) 어머니」는 앞서 이야기한 바, 소박하면서도 우람한 사랑을 담아낸 이 시집을 대표하는 소박하면서도 우람한 작품이다. 이 시는 정히, 이 시집의 모든 시편들을 하나로 모아 응축시킨 대표시인 것이다. 가히, 시집의 제목으로 삼아 마땅한 작품이었던 것이다.

지금까지 살폈듯, 시인의 시편들은 소박하면서도 우람하다. 사과 볼처럼 빨갛게 영근 작품들인 것이다. 그러나 시인은 이처럼 뛰어난 시적 성과를 자신의 힘으로 이루었다고 보지 않는다. 「자서(自序)」를 읽어 보자.

바람 날개를 단 듯한 시간
그 시간의 그물에 건져낸
물고기—

내가 잡는 것이 아니고
잡아 준 것들이었어
찾아도 찾을 수 없고
보려 해도 볼 수 없는
어느 분의 큰 손이.

이 시 「자서(自序)」는 시집 『박정숙(朴貞淑) 어머니』의 서시 또는 서문이라 할 수 있다. 여기서 시인은 자신의 시편들을 "바람 날개를 단 듯한 시간 / 그 시간의 그물에 건져낸 / 물고기"라고 표현한다. 이 시집에 수록된 시편들은 바람처럼 빠른 시간의 그물에 잡힌 물고기와 같다는 것이다.

이 비유는 누가복음 5장과 요한복음 21장에 나오는 바, 밤새도록 물고기를 한 마리도 잡지 못한 제자들이 예수님의 말씀대로 그물을 던져 많은 물고기를 잡았다는 이야기에서 따온 것이 분명하다. 시인은 이 이야기를 빌려 와서, 자신이 잡은 물고기 즉 자신이 쓴 시가 "내가 잡는 것이 아니고 / 잡아 준 것들이었어" 하고 말하는 것이다.

그렇다면 누가 잡아 주었는가? "찾아도 찾을 수 없고 / 보려 해도 볼 수 없는 / 어느 분의 큰 손이" 잡아 준 것이었다는 말이다. 이것은 참으로 깊은 신앙에서 우러나온 고백이 아닐 수 없다.

깊은 신앙이란 어떤 것인가? 그것은 하느님 아버지께 효도하는 마음에서 우러나온 신앙이리라. 한편으로 한없이 소박한 신앙이면서, 또 한편으로 한없이 우람한 신앙이리라. 지금까지 살핀바, 시인의 시편들이 지닌 소박함과 우람함은 바로 그런 깊은 신앙에서 우러나온 소박함이요 우람함이었던 것이다. 이런 사정이니, 이 시집에 실린 시인의 시편들은 시인이 하늘의 언어를 받아 기록해 놓은 것이라 해도 지나치지 않을 것이다.

Gim Byeonghwa

다시올시선 033
朴貞淑 박정숙 어머니

초판인쇄 펴낸날 | 2019년 12월 10일
초판발행 펴낸날 | 2019년 12월 20일

출판등록 | 제310-2007-00028

지은이 | 김병화
펴낸이 | 김영은
펴낸곳 | 다시올

주 소 | 서울 노원구 광운로 32, B01호
전 화 | 031-836-5941
팩 스 | 031-855-5941
메 일 | maxim3515@naver.com

ISBN 978-89-94414-89-8 03810

정가 12,000원

* 파본은 본사나 구입하신 서점에서 교환해 드립니다.

* 본 사업은 인천광역시 재)인천문화재단 원로 예술인 지원사업으로 선정되어 발간합니다.